Inhalt

Mobil-Kommunikation - Kommt jetzt das Standard-Betriebssystem für die mobile Kommunikation?

Kernthesen

Beitrag

Fallbeispiele

Weiterführende Literatur

Impressum

# Mobil-Kommunikation - Kommt jetzt das Standard-Betriebssystem für die mobile Kommunikation?

M. Westphal

Kernthesen

- Apples iPhone hat es vorgemacht, wie einfach die Bedienung mobiler Endgeräte sein kann.
- Bisher gibt es verschiedenste Betriebssysteme für mobile Endgeräte, was insbesondere die Installation und

Bedienung des mobilen Internets behindert.
- Google will ein standardisiertes Betriebssystem für mobile Endgeräte entwickeln, das mit offenen Standards arbeiten soll.
- Google verfolgt mit dieser Initiative das Ziel, den Markt für Werbung auf mobilen Endgeräten zu erschließen.

Beitrag

Die Vielzahl unterschiedlicher Betriebssystemstandards bei mobilen Endgeräten schränkt zum einen die Applikationsvielfalt für die Geräte ein und erschwert darüber hinaus eine komfortable Nutzung des Internets auf mobilen Endgeräten. Google treibt jetzt die Entwicklung eines standardisierten neuen Betriebssystems für mobile Endgeräte, welches sich offener Standards bedient.

Mangelhafte Benutzerführung bei mobilen Endgeräten

Die Mobilfunk-Endgeräte sind inzwischen sehr ausgereift. Trotzdem mangelt es allen an einer einfachen Bedienerführung. Das Problem besteht vor allem darin, dass das mobile Internet immer noch ein

Labyrinth verschiedener Standards ist. Ebenso ist die Inbetriebnahme von Internet-Dienstleistungen auf einem Handy häufig ein sehr aufwendiges Problem. Dieses ist auch der Hauptgrund, warum sich das mobile Internet bisher noch nicht wirklich durchgesetzt hat.
Gerade die Nutzung verschiedener Applikationen und Dienstleistungen ist schwierig. Ein Unternehmen wie Google, das den Nutzern im Internet Applikationen kostenlos zur Verfügung stellt, die die Nutzer benötigen, hat ein großes Interesse an einem standardisierten mobilen Betriebssystem, welches den Zugang zum Internet erleichtert. Finanziert werden die Applikationen wie auch im "normalen" Internet über Werbung. Solange aber im mobilen Internet nicht die gleichen Standards herrschen und die Bedienung ähnlich einfach ist, kann dieses Geschäftsmodell nicht funktionieren. Und wenn man zusätzlich betrachtet, dass es nahezu drei Milliarden Nutzer von Mobiltelefonen gibt und dass das doppelt so viele sind wie Nutzer des schnurgebundenen Internets, wird Googles Bestreben nach einem mobilen Internet-Standard noch verständlicher. (8) Auch Apples iPhone hat einen Schwerpunkt auf intuitiver und einfacher Benutzerführung und einem komfortablen Internet-Dienst und ist in diesem Bereich sicher ein Vorreiter.
Das Ziel von Google ist es, jedem Menschen an jedem Ort den einfachen und günstigen Zugang zum

Internet zu ermöglichen. Das ganze soll dann nicht gebührenfinanziert ablaufen, sondern der Nutzer muss akzeptieren, dass beim Surfen Werbung auf seinem Gerät erscheint. Die Vermarktung dieser Werbeflächen würde natürlich Google übernehmen. Schon heute verzeichnet Google 40 Milliarden monatliche Anfragen bei seiner Suchmaschine. (5)

Die Entwicklung eines standardisierten Betriebssystems für mobile Geräte

Google ist der Treiber bei der Entwicklung eines einheitlichen mobilen Betriebssystems, welches weitestgehend auf Open-Source-Code basieren soll. Das Unternehmen arbeitet in seiner Open Headset Alliance mit führenden Mobilfunkanbietern zusammen. Zur Open Headset Alliance gehören insgesamt 33 Partner, darunter Unternehmen wie die Handyhersteller Motorola, Samsung, LG und HTC sowie die Telekom-Konzerne Deutsche Telekom, Telecom Italia, der mit knapp 350 Millionen Kunden größte Mobilfunkanbieter China Mobile, NTT DoCoMo und die spanische Telefonica. Ebay ist über Skype vertreten und die Chiphersteller Intel und Texas Instruments, Qualcomm und Broadcom sind genauso vertreten, wie auch zahlreiche kleinere aber hochspezialisierte Partner, die sich bei den großen Mobilfunkkonzernen mit ihren Iden nicht durchsetzen konnten. (4), (5), (9)

Ziel ist es, ein neues und offenes Betriebssystem für Geräte im Mobilfunkbereich zu schaffen. Es soll als offener Standard allen Softwareentwicklern ermöglichen, ohne großen Aufwand Applikationen für Handys zu programmieren.
Die Basis des Google-Betriebssystems ist das offene Betriebssystem Linux. Bevorzugt werden insgesamt offene Standards wie eben auch die Programmiersprache Java, um größtmögliche Einfachheit bei Programmierungen zu ermöglichen. Allerdings arbeitet auch Google an zentraler Stelle mit eigener Software, die den Java-Code in eigene Formate wandelt. Begründet wird dieser Schritt von Google damit, dass die auf den Handy-Geräten knappen Ressourcen vom eigenen Code besser genutzt werden und damit die Performance der Geräte erhöhen. (1)
Mitte November hat Google für sein Handy-Betriebssystem "Android" in Form eines Software Development Kits (SDK) eine Sammlung von Programmierwerkzeugen öffentlich als Download bereitgestellt. So können alle Programmierer an der Weiterentwicklung dieses vielleicht neuen Standards mitwirken. Außerdem ist ein Preisgeld von insgesamt

zehn Millionen US-Dollar bereitgestellt worden, für die Entwicklung der interessantesten und besten Programme. (1)
Aber nicht nur wegen dieses Preisgeldes werden viele Entwickler ihre Freude daran haben, an diesem neuen Betriebssystem mitzuarbeiten. Die moderne Oberfläche wie auch die vielen bereits existierenden Programmapplikationen, die nahtlos zusammenarbeiten, dürfte den Spaß an der Weiterentwicklung erhöhen. So sind Adressbucheinträge im Internet mit Google Maps verknüpft, um die jeweilige Adresse zu zeigen. Die Anwendungen arbeiten mit UMTS, weshalb auch die Geschwindigkeit der Applikationen hoch ist. Aber auch Spiele werden auf den auf dem Google-Betriebssystem basierenden Handys in akzeptabler Qualität möglich sein, da die Leistung, die aus den Handy-Grafikchips gezogen wird, unerwartet hoch ist. (1)
Der Internet-Browser ist ähnlich ausgereift wie der von Apples iPhone, ermöglicht aber sogar weitergehende Leistungen. (1)
Das System unter dem Codenamen Android kann für Google ein großes Potenzial für zukünftiges Geschäft bilden, da ein einheitlicher Standard für Internet-Applikationen eine Plattform ist, die eine gute Basis für den Betrieb von Werbung auf dem Handy darstellt. Bereits Mitte 2008 will die Deutsche Telekom in Europa und den USA ein erstes Gerät

präsentieren, welches auf diesem Standard basiert. Sollte sich hier eine Plattform entwickeln, auf der sowohl Handy-Hersteller wie aber auch Mobilfunkanbieter ihre Applikationen aufbauen, könnte sich Google zum Microsoft im Handy-Bereich entwickeln. (3), (4), (5), (9)

Microsoft selbst hat auch ein Betriebssystem für Mobilgeräte auf dem Markt, das sich allerdings nicht zu einem Standard entwickelt hat. (3)
Offen ist bisher, ob Google sich dazu entscheiden wird, ein eigenes Handy auf den Markt zu bringen. Derzeit wird nicht davon ausgegangen, dass hier von Seiten Googles Interesse besteht. Sollten aber Handy-Hersteller das neue Betriebssystem nicht auf ihren Geräten installieren, könnte sich Google doch entscheiden, ein eigenes Gerät zu launchen, um so die Plattform entsprechend zu unterstützen. (3)
Die Ankündigung der Allianz hat die Aktienkurse der beteiligten Unternehmen nach oben schnellen lassen. Diese Kurssteigerungen sind damit begründet, dass von Investoren erwartet wird, dass der Absatz der lukrativen Smartphones bei den beteiligten Herstellern nach oben schnellen könnte, da dann mit den Geräten nicht nur telefoniert, sondern auch E-Mails verschickt und im Internet gesurft werden könnte. (7)

Die Gefahr eines Open-Source-Betriebssystem

Für die Mobilfunkunternehmen könnte ein Open-Source-Betriebssystem eine Gefahr darstellen, da sie ihre Schlüsselfunktion im Geschäft mit Handy-Dienstleistungen verlieren würden. Sie verlieren die Kontrolle über die Wertschöpfungskette. So könnte diesen Unternehmen dann nur noch die relativ wenig lukrative Bereitstellung der Infrastruktur übrig bleiben. (7)
Schon Apples iPhone kratzt an den Margen der Mobilfunker. Apple verlangt von seinen Mobilfunkpartnern eine Umsatzbeteiligung. (7) Allerdings bleibt den Mobilfunkunternehmen letztendlich nicht viel anderes übrig, als zu kooperieren. Diese Zusammenarbeit verspricht für sie darüber hinaus auch einen Imagegewinn, wenn sie mit angesagten Unternehmen wie Google oder Apple zusammen arbeiten. (7)

Fallbeispiele

Nokia wird sich nicht der Open Headset Alliance

anschließen. Man sieht sich im Wettbewerb gegen Apple und Google gut aufgestellt. Nokia hat die Plattform Ovi entwickelt, die Angebote für Navigationsdienste, Musik und Spiele zusammenfasst. Außerdem hält das Unternehmen 48 Prozent an dem weltweit führenden Handy-Betriebssystem Symbian. (7)

Symbian verdient sein Geld mit dem Verkauf seines Betriebssystems für das die Hersteller ungefähr 4,80 US-Dollar für die Nutzungsrechte je Endgerät zahlen. Das ist allerdings kein ganz geringer Kostenblock und wenn hier unter Umständen mit dem kostenfreien Google-Betriebssystem gespart werden kann, überlegen sich vielleicht einige Hersteller den Wechsel, denn auch Microsoft verlangt etwa den gleichen Preis wie Symbian für die Nutzung seiner Software. (11)

Die Deutsche Telekom mit T-Mobile ist der einzige deutsche Vertreter im Android-Konsortium. Das Unternehmen leidet wie alle Mobilfunkunternehmen unter den stagnierenden Umsätzen in der Sprachtelephonie und dem einhergehenden ruinösen Preiskrieg. Alleine mit steigenden Datenumsätzen könnten die Umsätze und damit Gewinne der Unternehmen gesteigert werden. Die noch relativ hohen Preise schrecken heute noch viele Privatkunden von der Nutzung des mobilen Internets ab. So wird das mobile Abrufen von E-Mails und andere Internet-Applikationen heute fast ausschließlich von Geschäftskunden genutzt. Die Einführung von Android könnte diesen Umstand ändern, da es aufgrund seiner einfachen Bedienung die Nutzer zur Online-Nutzung animiert. (9)

Google beteiligt sich auch an den Versteigerungen von Mobilfunkfrequenzen in den USA und wird im Januar mit einem Mindestgebot von 4,6 Milliarden US-Dollar einsteigen. (8)

Wesentliche Teile der Android-Software kommen vom kleinen Schweizer Software-Unternehmen Esmertec. Zu den beigesteuerten Applikationen zählt ein Internet-Browser, ein MMS und ein Synchronisations-Tool, Kopierschutzanwendungen und auch ein Internet-Chat-Programm. (10)
Geld verdienen würde Esmertec, das diese Software zu einem symbolischen Preis an die Open Headset Alliance verkauft hat, an Dienstleistungen rund um die Software, sofern das Betriebssystem einschlägt. Was Esmertec nicht verkauft hat, ist seine auf Basis der Java-Software entwickelte Virtual Machine, die als Multimediasystem an die Linux-Software angedockt werden kann. So können alle Java-Anwendungen mit Linux verbunden werden. (10)

Ein Sicherheitsproblem der ersten Version des Apple

iPhones wurde inzwischen gelöst. Bisher war es möglich, auf das iPhone jede Software heraufzuladen. Damit konnten aber auch Viren und Würmer relativ unbemerkt und einfach auf das Gerät geladen werden. Das Schließen des Systems freut aber nicht alle Apple-Fans. Apple verhindert damit auch, dass auf dem iPhone Programme laufen, die nicht von Apple kommen. Aber auch dieser neue Patch von Apple und die damit verbundene geschlossene Systemoberfläche kann inzwischen mit dem Programm "Jailbreak" umgangen werden Damit kann z. B. auch das Programm iActivator geladen werden, welches dann das iPhone mit jedem Mobilfunkprovider nutzbar macht. Mit seinen Aktivitäten geht Apple genau den umgekehrten Weg wie Google, das mit seiner Open Headset Alliance einen offenen Betriebssystemsstandard für Mobiltelefone schaffen will. (2)

Weiterführende Literatur

(1) Google will Apple überholen
aus Süddeutsche Zeitung, 15.11.2007, Ausgabe Deutschland, Bayern, München, S. 16

(2) Freie Wahl
aus Handelsblatt Nr. 221 vom 15.11.07 Seite 18

(3) Kampf um die Vorherrschaft beim Handy

aus Neue Zürcher Zeitung 14.11.2007, Nr. 265, S. 33

(4) Perfektes Spiel
aus WirtschaftsWoche NR. 046 VOM 12.11.2007 SEITE 078

(5) Jüngling, Thomas, Mobiles Internet für alle, Welt am Sonntag, 11.11.2007, Nr. 45, S. 59
aus WirtschaftsWoche NR. 046 VOM 12.11.2007 SEITE 078

(6) Hirstein, A., Googles Handy, NZZ am Sonntag, 11.11.2007, Nr. 45, S. 83
aus WirtschaftsWoche NR. 046 VOM 12.11.2007 SEITE 078

(7) Googles Mobilfunkpläne stärken Partner Aktien der beteiligten Handyhersteller legen deutlich zu · Umbruch der Industrie zwingt T-Mobile in Kooperation
aus Financial Times Deutschland vom 07.11.2007, Seite 4

(8) Und es bewegt sich doch
aus Süddeutsche Zeitung, 07.11.2007, Ausgabe Bayern, München, Deutschland, S. 2

(9) Der Coup des alten Giganten
aus Süddeutsche Zeitung, 07.11.2007, Ausgabe Deutschland, Bayern, München, S. 2

(10) Esmertec erhält den Ritterschlag Mitarbeit am Google-Projekt Android – Applikationen verkauft –

Aktien sind teuer
aus Finanz und Wirtschaft vom 07.11.2007, Seite 28

(11) Multimedia-Handys heiß begehrt
aus Frankfurter Allgemeine Zeitung, 07.11.2007, Nr. 259, S. 21

Impressum

Mobil-Kommunikation - Kommt jetzt das Standard-Betriebssystem für die mobile Kommunikation?

Bibliografische Information der deutschen Nationalbibliothek

Die Deutsche Nationalbibliothek verzeichnet diese Publikation in der deutschen Nationalbibliografie; detaillierte bibliografische Daten sind im Internet über http://dnb.d-nb.de abrufbar.

ISBN: 978-3-7379-0335-6

© 2015 GBI-Genios Deutsche Wirtschaftsdatenbank GmbH, Freischützstraße 96, 81927 München, www.genios.de

Alle Rechte vorbehalten. Dieses Werk ist einschließlich aller seiner Teile – z.B. Texte, Tabellen und Grafiken - urheberrechtlich geschützt. Jede Verwertung außerhalb der Grenzen des Urheberrechtsgesetzes bedarf der vorherigen Zustimmung des Verlags. Dies gilt insbesondere auch für auszugsweise Nachdrucke, fotomechanische

Vervielfältigungen (Fotokopie/Mikroskopie), Übersetzungen, Auswertungen durch Datenbanken oder ähnliche Einrichtungen und die Einspeicherung und Verarbeitung in elektronischen Systemen.